AF670290

La mort n’est qu’un passage

proche soignante. Durant ce temps précieux de la fin, elle nous montre la solitude à laquelle les familles sont confrontées. Cette famille fragilisée et vulnérable par la maladie fait face à l'impuissance devant la souffrance, mais aussi à l'incompréhension de certains soignants. Mourir chez soi entouré des siens est le souhait de beaucoup de malades, mais le système de santé complexe présente des manquements.

Le mourir : l'accompagner ou le subir !

Alors que la loi sur la fin de vie s'invite au-devant de la scène. Cette loi prend son temps, mais celui qui va mourir a-t-il le temps ?

Aujourd'hui, nous assistons à une forme de maltraitance de notre système de soin. Beaucoup de soignants entrent en épuisement professionnel, ils n'ont plus le temps d'échanger et encore moins de parler de la mort. Grâce au progrès de la médecine, l'espérance de vie s'allonge et paradoxalement l'accès aux soins se dégrade. Dans le grand théâtre de la vie, la mort exprime son art. Elle est soit magnifiée, soit diabolisée au point que les écrivains, les artistes s'en emparent pour, la rendre plus humaine ou alors essayer de la dompter.

Accompagner le mourir repose la question du sens de la vie sur terre, de nos actions et de nos pensées. La mort ne laisse personne indifférent, car elle nous atteint au plus profond, au plus intime de notre être. Nous sommes sensibles au drame et à la tristesse que vivent certains, car cela fait écho à notre histoire personnelle.

La mort éclaire sur le sens précieux de la vie,
elle invite au temps présent.

Se préparer à mourir qu'est-ce que cela veut dire ? Comment aider à adoucir ce moment de la mort et aider à se révéler avant de mourir ? Accompagner l'autre, ce n'est pas lui prêter une intention, c'est cheminer à ses côtés, à son rythme à lui. C'est l'accompagner à se déployer dans toute sa grandeur, sa densité d'être humain, de voir cette richesse de la vie.

Qui peut encore apporter de petits gestes, de petites attentions à celui qui va mourir ! Qui le regardera pour lui redonner sa dignité d'humain parmi les humains.

C'est en cela que ce métier de doula de fin de vie ou thanadoula sur le chemin d'accompagnement du mourir prend son sens pour offrir de « mourir vivant ». Qui me regardera encore, qui me touchera encore quand je serai vieux ou vieille, laid (e), malade, improductif (ve) et inutile ?

Qui me regardera encore lorsque je serai défiguré par un cancer, qui entrera dans ma chambre lorsqu'une odeur désagréable aura envahi l'espace. Qui me regardera encore, qui me parlera, qui me touchera !

Que serais-je encore après ma mort, serais-je reconnu comme un(e) vieillard, un homme ou une femme qui auront contribué à l'évolution d'une société ? Nous passons des années à lutter à survivre et à traverser les épreuves et en quelques heures nous mourons.

La mort, on en parle dans les médias, mais celle des gens ordinaires, elle reste dans les coulisses. Accompagner la mort c'est accueillir la vie qui est en nous, c'est redonner du sens à chaque être et à chaque rencontre.

Les lecteurs de ce livre trouveront un récit passionnant, mais aussi et surtout le témoignage d'une femme qui a su rester debout à travers l'accompagnement du mourir. Elle convie ceux qui ont à vivre ces grandes épreuves à se faire confiance. Se mettre au monde, s'accoucher avant de mourir est le plus beau cadeau que nous puissions offrir à l'humanité, témoin de notre passage terrestre.

Accompagner le dernier voyage sans billet de retour, c'est partager le plus beau voyage, celui d'accompagner dans ce temps précieux du mourir, ce temps précieux de l'A-DIEU.

« Mourir, c'est devenir encore ! » disait le prêtre ouvrier André Perrot mais qu'est-ce que cela veut dire ! Est-ce savourer chaque instant qui passe, apprécier chaque échange, regarder, sentir ? Où est-ce partager ces moments précieux du passage dans le mystère de la mort ?

Marie-Christine Laville,
Doula de fin de vie,
Formatrice

Prologue

L'écriture, c'est le cœur qui éclate en silence.
Christian Bobin

Cela fait des semaines que je voudrais écrire. Raconter tout ce qui s'est passé. Pour ne rien oublier. Mais aussi pour le coucher quelque part sur papier et me libérer de la place, alléger un peu mon cœur et mon corps de cette charge qu'ils ne souhaitent plus porter. Sans pour autant la laisser complètement de côté.

Papa est mort il y a 9 mois. Le 19 août 2022. Nous sommes le 26 mai 2023. Depuis quelques semaines je commence à respirer de nouveau. Ai-je accouché de sa mort ? Je ne sais pas toujours pour combien de temps.

Je ne sais pas par où commencer cet écrit. C'est ce qui le rend difficile à engager. Si je choisissais impérativement l'ordre chronologique, je crois que je perdrais la substance de ce qui m'importe. Cette histoire n'est pas une histoire toujours racontée dans l'ordre. Je crois que je vais essayer de l'écrire telle que je la ressens. Avec ses allers-retours. Avec ses moments effrayants, puis ceux qui m'ont nourrie. Je crois que par moment les deux se confondent.

À l'heure où l'hémicycle s'empare de la question de la fin de vie, j'aimerais en montrer ce qu'elle peut être, et les failles du système qui ajoute de la douleur où « douceur » devrait être le maître-mot. À une lettre près, c'est une vie qui ne sait plus si elle doit basculer vers l'ombre ou la lumière.

Je ne crains pas la mort. Je n'en avais déjà pas peur avant. J'espère raconter aussi la beauté de la fin, au milieu des colères et des souffrances. Si tout est encore parfois difficile à repenser, c'est pourtant ce qui m'a permis de continuer en étant fière d'avoir été là. En ayant choisi de rester.

J'aimerais aussi par ces quelques lignes montrer que ce choix n'est pas si difficile. Tout dépend de ce que l'on souhaite laisser. Delphine de Vigan a écrit : « le souvenir est la seule éternité qu'on laisse derrière soi ». Je crois qu'en choisissant de rester, on offre une plus belle éternité. Je crois que les âmes se rencontrent plus facilement à la frontière de la mort. Je crois que ces rencontres, dénuées de toutes rancœurs passées, d'erreurs non pardonnées, sont les plus vraies. Si un jour une personne lit ces quelques lignes, voilà ce que j'aimerais qu'elle retienne : ne craignons pas ces rencontres. Si nous avons la chance de pouvoir accompagner un proche vers la fin, et si cette personne nous en laisse la place, n'ayons pas peur de vivre ces instants hors du temps.

À travers toutes les souffrances, j'ai choisi d'être là. Je n'aurais donné ma place pour rien au monde. J'ai aimé prendre le temps de le voir passer. J'ai aimé donner ma main. Pour l'aider à passer de l'autre côté du chemin[1].

---

[1] Extrait du poème « La mort n'est rien », lu par mes frère et sœur à l'enterrement de notre père.

1

L'école de la vie n'a point de vacances.

Proverbe français

Juillet. Je suis partie en vacances pour dix jours et à trois heures de route pour ne pas être loin. En partant, j'ai embrassé papa en sachant que je ne le reverrai plus dans son lit, dans sa normalité.

En partant, je savais déjà que je laissais la place à mon frère d'être là pour l'appel que je ne voulais pas passer : celui des secours qui allaient l'emmener sans savoir s'il en reviendrait.

J'ai marché pendant 10 jours. Seule. Dans les Pyrénées. J'ai respiré. J'ai repris des forces pour mieux en avoir à perdre.

J'ai marché en ayant le cœur loin. Dans l'attente. Deux jours avant la fin je reçois enfin l'appel. Il est tombé. Ils l'ont emmené.

Il est l'heure de rentrer.

J'ai redouté ce moment depuis de nombreuses années… plus de 16 ans exactement depuis que maman s'en est allée. Est morte. Je n'ai pourtant pas de mal à le dire, depuis le temps… mais l'écrire, c'est toujours un peu plus violent.

J'arrive dans le couloir de l'hôpital, ma belle-mère est là. Je rentre dans la chambre blanche et impersonnelle. Il est allongé, perdu entre ses pensées et, je crois, la télé, il me voit et me dit avec difficulté : « Oh, mais il ne fallait pas écourter son séjour à cause de moi ma petite fille ! ». Mais bien sûr que si, Papa.

Tiens, et si c'était à toi que je parlais directement ? Et si ces quelques lignes t'étaient destinées ?

Alors voilà. Papa, je suis rentrée parce que la question ne s'est même pas posée. Je suis rentrée parce que je redoute ce moment depuis la moitié de ma vie. J'avais le choix entre ne pas le vivre et croire que je n'avais pas les épaules pour le porter, ou décider de le traverser à tes côtés. J'ai eu le temps de me préparer. Je connais déjà la définition du mot « définitif ». Je sais que je n'aurai pas de deuxième chance. Et ces regrets-là ne seront pas pour moi.

Florence, ton épouse, me laisse ma place à tes côtés. Tu sais, même si ça paraît normal, d'autres belles-mères n'auraient pas fait ce choix. Alors même si on n'est pas toujours d'accord elle et moi, je serai éternellement reconnaissante de cela. Je peux être là. Alors oui Papa, tu ne le sais pas encore, mais tu vas bientôt t'entendre dire que la médecine ne peut plus rien pour toi. Ce moment, gravé en moi, on va le vivre ensemble, tous les trois. Et je ne te lâcherai pas.

2

Il suffit d'un regard,
D'un aveu, d'une chanson
Pour comprendre l'amour.

Charles Trenet

Pour comprendre la mort aussi.

J'ai compris depuis longtemps que ton corps avait rendu l'âme, contrairement à toi qui oscillais encore entre la réalité de la situation et l'espoir que ça continue toujours un peu plus. Ce n'est pas ta pâleur, ni les kilos en moins, ou ta souffrance qui me l'ont indiqué. C'est cette ombre dans le regard. C'est une ombre que j'ai déjà vue et que je n'oublie pas. Je l'appelle l'ombre de la mort… je sais ! Ça fait un peu dramatique, mais c'est pourtant exactement ce que je ressens.

Ça m'a frappé au début du printemps. Tu rentrais du Maroc. Tu souffrais terriblement, mais ça, ce n'était pas la première fois. Je suis à table avec vous, tu me regardes, et je la vois. J'ai compris instantanément que le combat était clos. J'ai fini le repas, je suis rentrée… et j'ai paniqué. J'ai alerté, certains y ont cru, d'autres pas. Mes plus proches n'en ont pas douté. À ce moment-là j'ai pensé que je t'avais déjà perdu. J'ai passé trois semaines à m'effondrer dans mon coin, à anticiper le manque que j'allais ressentir, le vide de ne plus avoir d'ancêtres vivants, et ma peur s'est décuplée. Je l'ai partagée avec mes amies qui m'ont entendue. À ma sœur aussi, qui avait également sa peine, ses questions et ses peurs à gérer.

Après trois semaines de descente, j'ai décidé que cela suffisait. Tu étais encore là. Je savais que c'était la fin, mais j'avais la chance d'être là. Dès lors, j'ai décidé de le voir comme un cadeau.

Nous n'avons pas tous la chance de prendre le temps de dire au revoir. J'ai décidé de saisir cette chance, car c'était la seule que j'aurais.

Mon Papa, toi, tu ne savais pas encore que c'était vraiment fini. Tu t'en doutais, car c'était difficile de raisonnablement l'occulter, mais tu ne l'avais pas conscientisé. Tu en as parlé parfois autour de toi, mais il y avait encore cet espoir quelque part que tu puisses te tromper. Tu espérais encore conjurer le sort… Je n'avais pas imaginé être là au moment où les médecins l'ont officialisé. Elles ont fait les choses bien. En douceur. Avec calme. Et beaucoup d'attention sur les mots choisis pour partager ce qui se passait.

J'avais connu le contraire alors, pour cette fois, envers ce moment je n'ai aucune colère. Et pourtant j'y ai reconnu quelque chose du passé : la violence de la douleur ressentie à ce moment-là est inégalable.

« Monsieur Ziegler, il n'y aura plus de transfusion, il n'y aura plus de traitement, car votre corps ne les retient plus. Nous sommes sincèrement désolées. Il n'y a plus rien à faire désormais. » Pendant que tu reçois ce coup de poing dans le ventre et dans le cœur, j'ai ta main dans mon dos comme pour me dire « ça va aller ». Nous essayons tous les trois de retenir nos larmes, un réflexe idiot dans ces moments-là.

Tu reçois cette nouvelle et pourtant, sais-tu ce que je retiens avant même la douleur de ces minutes-là ? Ta dignité.

3

Crois-tu que le vide soit encore plus grand lorsque le poids fut lourd ?

Le week-end dernier était le week-end de la Pentecôte. Je surprends le manque, le vide que tu as laissé. Imperceptiblement pour commencer. Puis plus fort jusqu'à ressentir cette urgence d'attraper le soleil avant qu'il ne se couche et de le voir s'en aller en étant à tes côtés (enfin, à côté de tes cendres surtout).

Je t'ai parlé. J'ai voulu mettre une chanson, celle de tes obsèques, mais je ne la trouvais pas alors j'ai chanté sur une autre. Malgré tout, je savais que tu étais là.

En repartant dans la voiture, le mode aléatoire de l'application de musique s'est enclenché et a lancé la chanson que j'avais cherchée en vain. Je savais bien que tu étais là.

Je me suis demandé pourquoi ce manque, maintenant. Quel déclencheur ? Puis, en déjeunant seule j'ai repris mon agenda. Je suis allée voir l'année dernière. Ce n'était pas la même date, mais bien le week-end de la Pentecôte que nous avions passé ensemble. Florence était partie souffler pour le week-end, Arnaud, ton fils, est venu une partie du week-end pour te voir. Pendant les absences de chacun, j'étais là.

Ce week-end-là tu changeais de traitement contre la douleur. Tu avais mal et le traitement ne faisait que très peu effet. Les nuits étaient interminables et d'ailleurs Arnaud a pris la décision de te donner plus que prévu, et c'était bien comme ça. On apprendra plus tard que la marge était grande. Et finalement pourquoi craindre de te donner « trop » quand on sait qu'ils seront désormais ton seul réconfort jusqu'à la fin ? Mais voilà, officiellement, on ne le savait pas encore.

Notre chance c'est ton nouveau médecin, le docteur D. qui nous répond un jour férié et grâce auquel je me sens moins seule. Mais il n'est pas sur place.

Le lundi je suis seule avec toi, tu es de plus en plus faible. Je te vois tanguer dès que tu essaies de te lever. Tu refuses de te laisser aller alors, tu continues d'essayer. Vient l'heure du déjeuner, tu n'as pas faim, mais tu décides malgré tout de venir à table avec moi. J'ai cette voix qui m'accompagne depuis des mois qui me met des alertes. Certains appelleraient ça l'intuition. À ce niveau-là, c'est encore plus fort que ça. Tu te lèves et j'entends « il va tomber ».

Ce n'est pas une option, c'est une promesse.

Je te suis. Je suis juste derrière toi. Et en réalité j'ai déjà les bras levés lorsque tes jambes te lâchent. Je ne sais quelle force me guide, mais mes bras sont sous les tiens, j'ai une jambe entre les tiennes, et je te tiens. Ensemble on avance jusqu'à la table. Tu te déposes sur la chaise. On est tous les deux sonnés par ce qui vient d'arriver. Mais la vie continue encore à ce moment-là, alors je m'assois à ma place et je commence à manger, et nous parlons d'autre chose. Quelques minutes plus tard, je réalise ce qui vient de se passer et je sors un « j'ai bien cru qu'on allait finir par terre tous les deux ». Et tu me réponds simplement un « Pu-rée ! » Je crois que toi non plus tu n'as pas compris quelle force nous a poussés jusque-là. Il n'y avait pas grand-chose de normal. Et pourtant, un pas après l'autre, nous avons continué.

Cette scène nous représente tellement… tu tombes, et je te porte. Parce que c'est plus fort que toi. Mais jusque-là tant que j'étais là, tu ne pouvais pas mourir. C'est notre histoire depuis des années. C'était un peu lourd à porter, tu sais, mais j'ai compris.

J'avais tellement redouté ce moment. J'ai redouté de devoir porter un poids mort, celui de mon autre parent, encore. J'ai cru que j'en ressortirais une nouvelle fois choquée, et pourtant au milieu de la douleur j'y ai trouvé une infinie beauté. Cette fois j'étais prête et solide. Cette fois j'avais décidé d'être là.

Si l'invisible était devenu perceptible, je crois que ce moment-là aurait permis de voir une puissance plus grande que nous. Une lumière qui nous portait nous empêchant de sombrer. La force des absents.

Papa, cet instant que je redoutais n'a fait que nous aider.

Ce week-end-là, dans une énième prise de tête sur le traitement, je t'ai vu m'observer. Je déchiffrais l'ordonnance et les notes prises des échanges avec ton Dr D. Je t'ai regardé, et tu m'as dit « tu es d'un calme… » J'ai compris ma force avec toi. J'ai compris que j'avais toute ma place. Je prends l'angoisse des autres pour leur donner ma paix, et cette fois cette paix était pour toi.

J'ai compris que c'était peut-être ce que j'allais pouvoir t'apporter dans l'extinction progressive de ton feu. Et si j'avais la possibilité de le faire, il était interdit de reculer. Tu me laissais cette place sans me l'imposer. Quel que soit le passé, peut-être était-ce là que nos âmes se comprendraient le mieux.

Papa, il y a un an, je t'ai porté. Nous t'avons porté. Ce week-end mon corps, ma tête, mon cœur, s'en sont souvenus. Leur mémoire ne fait jamais défaut. Ce week-end le manque était plus fort de réaliser qu'il n'y avait plus de poids à porter. La légèreté rend libre, mais laisse du vide. Crois-tu que le vide soit encore plus grand lorsque le poids fut lourd ?

4

Synchronicité : moment de convergence entre deux événements indépendants l'un de l'autre.

Dimanche était la première fête des Pères sans toi. Et je vais te dire, j'en ai bavé !

Je me souviens parfaitement de ce moment l'année dernière. Je suis arrivée sur la terrasse, tu étais dans le salon de jardin, assis, déjà très affaibli, et je t'ai souhaité : « bonne fête mon papa » … en sachant que c'était la dernière fois. J'aurais pu pleurer sur le champ, mais ce n'était pas vraiment le moment alors j'ai ravalé mes larmes et t'ai offert ton livre que nous avions choisi ma sœur Sandra et moi : « Synchronicité » de Catherine Testa. Un livre fait de courtes pensées, de citations, un livre qui se feuillette. Et tu l'as bien compris puisque tu m'as dit : « ça, c'est un livre que je peux encore lire ! ». En effet, c'était l'idée.

« Synchronicité » c'était aussi pour moi l'envie de te faire lire qu'il y a de drôles de coïncidences dans la vie. Et que même un esprit cartésien comme le tien a le droit de croire à autre chose qu'au hasard. J'avais envie de t'emmener sur cette voie, car je connaissais la suite. Et commencer à s'ouvrir à des croyances, quelles qu'elles soient, ne pouvait pas être une mauvaise chose.

Un mois plus tard dans ta chambre d'hôpital on va venir te voir à deux reprises pour savoir si tu souhaites recevoir l'extrême-onction. Deux paroissiens sont passés. Et tu les as accueillis avec un esprit beaucoup plus ouvert que ce que j'aurais pu penser. Avec le deuxième vous avez parlé pendant quinze à vingt minutes et c'était beau à voir. Je crois que tout en refusant ce dernier geste tu faisais enfin la paix avec cette religion qui faisait partie de ton histoire. Je me souviendrai de cette phrase que tu as prononcée : « ce serait hypocrite de ma part d'accepter cette bénédiction alors que depuis des années je repousse la religion ». Tu n'as pas dit : « je n'en veux pas ». C'était une question de cohérence de ton comportement qui ne pouvait pas évoluer sous prétexte que c'était la fin et que tu en avais désormais besoin.

Tu sais papa, c'est une discussion qui m'a fait du bien. Te voir moins virulent, dans l'accueil et l'échange, te regarder penser de longues secondes pour savoir ce que tu allais choisir, j'ai eu l'impression que ta colère s'était amoindrie. Il était temps. Pas parce que je suis fervente défenseuse de cette croyance particulièrement, mais parce que je ne te souhaitais pas de partir encore rongé de colère.

Un soir avant de partir, je t'ai rappelé que c'était le dernier « délai » pour leur demander de passer le dimanche suivant, puisque nous rentrions à la maison après. Je t'ai interrogé sur ce que tu souhaitais faire, tu as marqué une pause, puis tu m'as demandé : « si c'est important pour toi, je peux le faire ». Après t'avoir répondu que non, l'intention ne devait pas être pour moi, alors tu as simplement ajouté que ce n'était pas utile.

J'ai été soulagée de te voir entrouvrir à nouveau cette porte. Je ne dis pas que tu t'étais remis à croire. Je dis juste que tu t'étais laissé la possibilité d'emprunter cette voie. Et même si tu as finalement refermé cette porte, c'était en douceur. Et la douceur, sur le seuil de la mort, c'est ce qu'il y a sans doute de plus joli.

5

C'est dans la rosée des petites choses que le cœur trouve son matin et se rafraîchit.

Khalil Gibran

Aujourd'hui, 1er juillet 2023, était une journée sans. Sans envie de rien, ni de manger, ni de sortir, ni d'appeler. Rester couchée, m'enfoncer dans cet état et attendre. M'endormir et regretter de me réveiller en constatant que l'on est encore le même jour.

Ces journées-là sont moins fréquentes qu'avant, heureusement. Mais elles s'intensifient en approchant de la date fatidique de ton décès et de toute la période qui l'a précédée.

Nous sommes officiellement en été. Les jours qui arrivent vont raviver, ou pas, des souvenirs. J'essaie de ne pas vraiment l'anticiper pour ne pas provoquer ce qui n'est pas véritablement en moi. Mais comment oublier…

Plus ou moins à cette époque l'année dernière tu recevais ta dernière (ton avant-dernière ?) transfusion et exceptionnellement c'est moi qui t'ai accompagné. Je me souviens du fauteuil roulant dans la voiture dans lequel tu t'installais péniblement en en sortant. De la route à tes côtés en sachant que ce serait une des dernières fois. Je me souviens de tous tes repères dans cet hôpital que tu connaissais désormais par cœur. Du gardien qui te reconnaissait et nous faisait entrer en attendant qu'une place se libère.

Je me souviens de la salle d'attente au milieu d'un couloir. Tu as posé tes yeux sur mes chaussures et as vu qu'elles étaient trouées (il faut dire que j'avais littéralement la plante des pieds en contact avec le sol).

« Je pense que tu peux investir dans une nouvelle paire », m'as-tu dit, ce à quoi j'ai répondu que je voulais passer encore l'été avec.

Tes yeux se sont levés au ciel, et les autres patients se sont mis à rire. Alors j'ai commencé à faire diversion en parlant avec eux, la patiente à ma droite vivait au Sénégal. Elle était en France pour les soins, mais parler quelques minutes de Dakar nous a fait voyager.

Au milieu de cette journée plutôt pénible, tu te réjouissais de voir le Docteur D. qui venait de récupérer ton dossier pour t'accompagner dans la gestion de la douleur. J'étais heureuse de pouvoir mettre un visage sur les échanges de mails. Et j'ai aimé t'observer le regarder. Il devenait ton point de référence. Il avait l'art de te faire sourire par son non-conformisme aussi grand que son professionnalisme. Il te rassurait sur ta prise en charge. Tu t'es senti vu. Entendu. Il s'est assis pour discuter avec toi et te faire comprendre que tu n'étais pas qu'un patient parmi les autres. Vous avez parlé squash et course à pied. Je vous ai observés parler, et là où je savais qu'il n'y avait plus d'espoir pour demain il a réussi à te faire croire le contraire pour aujourd'hui. Il avait ce pouvoir-là et en cela je l'ai cru magicien.

Puis je l'ai vu t'ausculter et quand il a évoqué la médecine chinoise j'ai su que j'allais moi aussi trouver chez lui une écoute. Il parlait ton langage, et le mien. J'ai pris son arrivée comme un dernier cadeau pour la fin.

Il est reparti, tu étais fatigué, je suis descendue me balader dans l'objectif d'aller donner mon sang en attendant. Sur la route j'ai acheté un ticket à gratter (gagnant de vingt euros !) Je l'ai toujours dans mon sac. Tu m'as appelée pour me dire que la transfusion était finie, je suis revenue sans avoir eu le temps de donner.

Nous avons repris la route. Nous savions tous que la transfusion te donnerait un petit coup de boost pour les prochains jours… mais tu étais si bas que le répit allait être de courte durée.

Tu sais Papa, j'ai gardé mes chaussures. Je les ai mises tout l'été jusqu'au 24 août : le jour de tes obsèques. Avant qu'ils ne referment ton cercueil, je t'ai parlé ce matin-là, et au milieu de toutes mes paroles j'ai glissé :

« Pour info j'ai mes chaussures trouées aujourd'hui, je les ai mises juste pour toi. »

J'ai souri en t'entendant râler. Et dans ton agacement que je connaissais par cœur, je t'ai senti tout près de moi. Alors j'ai ajouté « promis papa, c'est la dernière fois ».

6

Papa rapluie.

Pierre Ruaud

Nous sommes le 16 juillet. Plus j'avance et plus mon cœur se serre. J'ai l'impression de revivre l'aventure, de loin certes, mais l'angoisse est là. Parfois comme si j'allais te perdre une deuxième fois. Je crois que je voudrais pouvoir te perdre une deuxième fois. Cela signifierait que je puisse encore tenir un peu ta main.

On ne s'était jamais vraiment épanchés tous les deux, jusqu'à ce message que je t'ai envoyé plusieurs semaines avant tout cela. Lorsque j'avais compris que c'était bientôt fini et que je sombrais dans la peur, j'ai réalisé que j'avais encore quelque chose à te dire. Que je t'aimais.

J'ai refusé d'avoir le même regret avec toi que celui que j'avais avec Maman. Alors j'ai pris mon téléphone, et j'ai simplement écrit : « tu sais que je t'aime papa ». Ce à quoi tu as répondu : « je sais ma fille, mais ça fait toujours plaisir à lire. Je t'aime aussi. »

Et c'était fait. Ces petits mots si compliqués à sortir étaient là, devant mes yeux. Je me suis sentie libérée d'un poids.

Peu de temps après, j'ai cassé mon téléphone… Avant qu'il ne s'éteigne, je n'ai pensé qu'à une chose : ce message ! Je me suis précipitée sur la conversation, j'ai fait une capture d'écran, et me la suis envoyée par mail. Rien d'autre n'avait d'importance.

Dans les semaines qui ont suivi ce message, j'ai pris l'habitude de te tenir la main souvent, où que tu sois, et même bien avant que tu ne sois alité. Parfois simplement installés ensemble sur le canapé devant tes jeux télé. Par ce geste anodin, tu savais que j'étais là. Et tu ne l'as jamais lâchée.

La fin peut être belle. On enlève la pudeur et les cotillons. On oublie les désaccords pour trouver un terrain d'accueil. On décide de vivre les choses ensemble tant que c'est encore possible. On fait passer des messages. On se regarde dans un silence assourdissant. On veut ne jamais rien oublier. On se tient la main pour ne pas tomber. On continue de se faire rire parce qu'il ne reste plus que ça.

C'est l'unique période de notre vie dont on sait qu'il n'y aura pas d'après. Il n'y a que l'instant présent qui semble beaucoup trop vite appartenir au passé. On voudrait le retenir alors, on se reprend la main et on se rappelle que l'on s'aime. On veut s'assurer que l'autre n'a pas oublié.

On devient plus proche que jamais. On se souvient de ce qui est important. On évoque les regrets. Nos âmes ne se sont jamais autant rapprochées que pendant ces dernières semaines. On se comprenait sans rien dire. J'anticipais tes besoins. J'essayais de protéger la dignité qu'il te restait.

Je te prenais la main pour t'apporter un peu de paix et atténuer ta souffrance. Je te prenais la main pour que tu saches que tu n'étais pas seul. Pour t'accompagner dans les moments de violente détresse. Je te prenais la main tant que ce cadeau m'était encore donné. Je te prenais la main pour ne pas te laisser t'échapper.

Je te tenais la main encore plus fort quand tu ne pouvais plus le faire. Et quand finalement, quelques heures avant ta mort, ta main ne répondait plus, je restais. J'avais besoin que tu me prennes la main pour m'aider à te laisser t'en aller, et ne pas me laisser complètement seule.

Je pleure en écrivant ces mots, car je ne peux plus le faire. Je regarde les photos de nos mains ensemble pour m'assurer que cela a bien eu lieu. Puis, je ferme les yeux et tout me revient. Je pourrais croire que tu as bien ta main dans la mienne, le toucher de ta peau devenue si fine, mes doigts dans ta paume.

Ces moments-là sont un cadeau inestimable. Le plus beau de tous les héritages. Si je n'ai pas toujours su trouver ma place dans ta vie, je l'ai trouvée dans ton passage vers la mort. Merci.

7

Les vrais amis sont comme des étoiles ; vous ne pouvez les reconnaître que lorsqu'il fait sombre autour de vous.

Bob Marley

Depuis plusieurs jours les dates s'enchaînent, les souvenirs aussi, mais je peine à venir les écrire ici.

La semaine dernière, cela faisait officiellement un an que tu étais entré à l'hôpital, un an que les médecins nous ont annoncé que c'était fini. Une scène pleine de souffrance et de dignité. En pleurant, tu les remerciais pour leur douceur et leur bienveillance. Tu expliquais à quel point ce qui semblait évident depuis des semaines était malgré tout extrêmement douloureux et désarmant de se l'entendre dire.

Il n'y aura pas d'autre transfusion. Ton corps ne les retient plus. Il n'y aura plus rien dans le but de soigner ou prolonger. Il n'y aura que de quoi te soulager pour t'accompagner… vers la fin.

Nous sommes tous les trois avec Florence. Je suis anéantie. Je pleure en silence. Et j'ai ta main dans mon dos dont j'essaie de garder l'empreinte en mémoire.

« Il faut prévenir Arnaud et Sandra », c'est une de tes premières pensées.

Les fratries sont mises à l'épreuve dans ces moments si douloureux. Nous sommes une fratrie recomposée et sommes chacun et chacune forgé(e)s d'une histoire bien différente quant à notre relation avec toi. Nous perdons la même personne, et pourtant nous ne perdons pas le même père. Les volontés diffèrent, les peurs et les peines nous sont propres. Il est parfois difficile de comprendre les choix respectifs au milieu d'un deuil commun qui se profile.

Nous avons aussi chacun et chacune un rapport différent à la mort. Nous en avons une conscience différente. Nous aimerions que les autres nous comprennent, et pourtant nous restons seul(e) avec nos propres peurs et croyances.

Chacun.e s'est tourné.e vers ses plus proches pour trouver son soutien. Pour moi, cela a toujours été mes amies.

À cet instant, depuis le hall de l'hôpital, j'appelle Ninis qui décroche et me soutient autant qu'elle le peut et qui le fera jusqu'au bout.

À la maison, il y a Juju et Ninine qui sont là, qui m'écoutent et me font rire. Il y a les Bosquet qui m'attendent patiemment un soir pour me voir après l'hôpital et m'embrasser avant de reprendre la route. Il y a Audrey qui m'envoie tous les jours ou presque des bisous et cœurs et autres pensées par message. Il y a Julie et Thibault qui me demandent des nouvelles presque tous les deux jours. Il y a Caro qui, lorsqu'elle apprend que je serai seule, quitte sa Corse et ses vacances et s'installe à la maison pendant un mois. Elle n'a pas de voiture donc en mon absence elle est bloquée à la maison, mais quand je m'en inquiète elle me répond simplement : « ce n'est pas grave, quand tu rentres, je suis là ».

Puisque je n'ai pas d'enfants, mon noyau familial est celui composé de ces ami.e.s qui peuvent et choisissent d'être là pour moi.

Les personnes ayant déjà vécu cela savent ce que représente l'entourage. À toutes celles et tous ceux qui ont été là, je ne l'oublierai pas. Pour pouvoir porter, j'ai eu besoin de l'être aussi.

8

Faire rire, c'est faire oublier. Quel bienfaiteur sur la terre, qu'un distributeur d'oubli !

Victor Hugo

Le dernier fou rire. Celui-là, je veux m'en souvenir !

Nous sommes à l'hôpital et tu as déjà du mal à trouver tes mots. Au moment où je m'apprête à descendre à la cafétéria, je te demande si tu veux quelque chose.

Tu réponds par l'affirmative, mais rapidement tu te retrouves embêté, car tu ne trouves plus le nom de la boisson qui t'intéresse. Tu me dis simplement :

« Oui je veux bien du thé… oh bah merde alors c'est quoi le nom ? »

Ni une ni deux me voilà à marcher autour de ton lit à énumérer plus ou moins tous les thés que je connaisse.

« Thé noir ? »

— Négatif.

« Rooïbos ? »

— Toujours pas.

« Thé à la menthe ! »

— Non plus.

Et alors que je m'apprête à continuer la scène je te vois pris d'un spasme en nous observant, un rire que tu essaies de contenir, mais qui te secoue malgré toi. Car ce qu'on ne dit pas c'est que même rire devient douloureux à l'approche de la fin. Mais là c'est plus fort, et je t'admire, car à cet instant tu as l'intelligence de rire de ton incapacité là où tu aurais tout aussi bien pu t'agacer. Certes, entre le rire et les larmes il n'y a qu'un pas, mais là tu es devant moi et tu te marres, les yeux rieurs tu me regardes, alors je ris aussi.

Quelques secondes de parenthèses.

Puis je continue :

« Breakfast tea ? »

— Nope.

« Un thé au jasmin ! »

— Non non.

Pause… Tu marques un temps d'arrêt puis tu lèves ton index en l'air, me regarde et, extrêmement FIER tu me dis :

« UN ICED TEA ! »

— Ah ça pouvait durer longtemps l'affaire !

Je garderai longtemps en mémoire cet instant, hors de la réalité, et pourtant si proche, qui nous a donné un peu de souffle. Le rire du désespoir aussi important que tout autre rire, peut-être même le plus pur, le plus essentiel… le plus vivant. Oui, c'est ça, pendant ces quelques secondes tu n'étais plus mourant. Tu étais toi, bien vivant.

9

La maison devrait être le coffre au trésor de la vie.
Le Corbusier

Après 10 jours à l'hôpital, tu rentres à la maison. Ce n'était pas notre décision, et nous n'étions pas pour. Mais les médecins t'en ont parlé avant, et nous nous sommes senties avec Florence mises devant le fait accompli. Difficile pour une famille de refuser le souhait de son proche mourant.

Alors, pour l'entendre de ta bouche, je vais te poser directement la question.

« Papa, il y a plein de choses qui s'organisent derrière et je voudrais être sûre, car ce n'est pas évident. L'hospitalisation à domicile (HAD) est en train de se mettre en place. Est-ce bien ce que tu souhaites, mourir à la maison ? »

Tu prends quelques secondes de réflexion puis tu hoches la tête et me dis : « Oui, c'est ce que je voudrais ».

Alors je reprends pour que tu aies pleinement conscience de ce que cela implique :

« Tu es conscient que tu ne pourras pas avoir de soins à volonté, que nous ne pourrons pas répondre immédiatement à tes douleurs s'il y en a, que tu ne pourras pas être changé en dehors des horaires prévus, et que c'est irréversible ?

— Oui, ils me l'ont dit.

— Alors soit, tu rentres à la maison. »

J'envoie un message à Florence pour lui confirmer ton souhait, elle est désespérée, car elle sait ce qui nous attend. Et ce sera pire encore.

Une dizaine de jours après ton arrivée à l'hôpital te voilà donc de retour à la maison un jour de canicule comme tous les jours de cet été-là. Florence a tout fait installer, elle n'a pas pu dormir dans ta chambre à l'hôpital la veille et tu ne cesses de l'appeler la matinée, car tu es déboussolé.

Mais tu es finalement là. Les dizaines de boîtes de médicaments sont soigneusement rangées. Nous avons les consignes de l'HAD, nous apprenons l'existence d'une psy si besoin pour nous. La triplette est au garde-à-vous (nos trois super infirmières qui s'occupaient déjà de toi depuis des années). Les numéros d'urgence sont enregistrés. Nous apprendrons que les médecins de l'HAD ne se déplacent pas, en cas d'urgence ce sont leurs infirmières qui viennent faire le lien entre eux et toi. Nous ne le savons pas encore, mais c'est ce qui te coûtera 36 heures de souffrance immense. Nous avons les consignes pour la pompe à Morphine, la logistique liée au renouvellement du stock. Ton médecin traitant a accepté d'être celui qui passe une fois par semaine voir l'évolution. Erreur de notre part, cela lui passera tellement au-dessus de la tête qu'il viendra même te voir la semaine après ta mort. Mais il n'a pas voulu nous donner de numéro pour pouvoir le joindre en dehors de son secrétariat, cela aurait déjà dû nous mettre la puce à l'oreille. Même pour constater ta mort cela se fera grâce au contact médecin d'une de nos infirmières, car cela n'est apparemment pas urgent pour l'HAD.

Mais pour le moment tu es là, dans ton lit médicalisé, face aux jeux télé, un peu perdu. Mais tu es dans ta chambre et bien rentré.

Avec Florence, nous sommes déjà épuisées, elle plus encore qui est là 24 h/24 depuis des mois. Et pourtant on a cette conscience que ce n'est que le début. Il faut que l'on prenne nos marques, que l'on gère nos peurs parce que l'autre les a déjà, et que l'on se lance dans l'aventure sans se poser trop de questions.

Je m'apprête à vivre des moments qui seront parmi les plus difficiles de ma vie. Également ces mêmes moments qui vont nous unir au-delà du réel.

Un jour après l'autre.

10

Le zen n'est pas une forme d'excitation, mais la concentration sur notre routine quotidienne.

Shunryu Suzuki

Quelques jours après nous avons pris nos marques. Steph, fils aîné de Florence, est là avec Delphine et les enfants. Ils ont maintenu leurs « vacances » ici pour nous accompagner. À la maison j'ai Caro qui est arrivée. Les créneaux des passages des infirmières sont calés, tes journées passent au rythme des émissions télé. Je viens plus ou moins entre 11 h et 14 h, je te laisse quand tu t'endors, et je reviens entre 17 h et 20 h.

Quand je rentre à la maison, Caro a toujours préparé le repas, je me mets les pieds sous la table, on parle, on rit même parfois, je pleure rarement, je vais essayer de dormir, et le lendemain recommence sur le même rythme.

Florence s'inquiète beaucoup de ce que tu (ne) manges (pas). Je la vois chaque jour qui s'accroche à cette information alors que de mon côté je me dis que c'est normal et je t'encourage au contraire à ne pas forcer ce qui ne passe pas.

Steph nous aide à te remonter dans le lit, il aide aussi parfois les infirmières si besoin de faciliter les manipulations. Ton torse et ta tête s'en vont régulièrement du même côté du lit alors quand cela arrive et que je suis là je te recale un peu plus droit. Je me vois passer mon avant-bras derrière ton dos (que tu ne peux plus soulever), je prends ton épaule de l'autre côté et tout en maintenant l'oreiller je te tire vers moi. Ces gestes-là ne me coûtent pas j'ai l'impression de gérer, de contrôler, et dans ce grand vide incontrôlable qui va arriver cela me fait du bien.

Les heures passées avec toi passent vite. On parle parfois, mais de moins en moins. Plus le temps avance plus ta diction est compliquée et chaque mot te coûte. Tu réponds aux questions par des hochements de tête. On regarde la télé ensemble, j'ai ta main dans la mienne, et on attend.

On apprend à surveiller ta sonde, à caler des oreillers en plus pour t'éviter de coller ton front au barreau quand tu dors, et à déplacer régulièrement tout ce qui peut marquer ta peau. Tu t'enfonces progressivement dans ce matelas. Pour le moment les palliatifs sont suffisants, tu ne souffres pas beaucoup.

Une semaine après ton retour, Damien (2e fils de Florence) vient le week-end pour te voir une dernière fois avec Célia et Eloi. Ils se marient 2 semaines plus tard (donc on peut imaginer quelques bricoles à régler…) mais Eloi a 7 mois et tu ne l'as jamais vu, Damien veut que tu le rencontres. C'est un joli moment, car les enfants de Steph et Delphine vont en profiter aussi pour enfin entrer dans cette chambre qui leur est fermée depuis qu'ils sont là. Ils ne sont pas aussi impressionnés qu'ils ne l'étaient avant de pouvoir le faire. Et cela t'apporte un peu de vie pour quelques minutes.

On note chaque marche descendue, mais pour le moment c'est avec une relative douceur, tu ne résistes pas. La mort aurait pu être belle si elle était venue comme ça.

Florence envoie un message à Arnaud pour lui proposer de venir le week-end du 20 août avec Sandra, puisque nous devrons partir au mariage de Damien et qu'il est prévu depuis des mois qu'elle vienne pour rester avec toi. Il acquiesce.

Je suis là, au seuil de la porte, quand Arnaud t'appelle et t'informe qu'ils vont venir le 19 avec Sandra. Je vois la scène. Tu ne parles pas beaucoup, mais tu as un air extrêmement sérieux, réfléchi. Tu te redresses. Tu commences à résister. Le soir tu chantonnes du Patricia Kaas sur ton émission préférée (merci Nagui).

Tu vas les attendre. Et nous avec.

11

Je voudrais que la terre s'arrête pour descendre.
Serge Gainsbourg

La douceur de la fin a progressivement laissé sa place à mesure que tu descendais les marches.

Un après-midi, alors que ta tête penche inlassablement toujours du même côté, tu entends un « clic » au niveau de tes yeux. À partir de ce moment, ton œil gauche ne suit plus le droit… et comme je l'écris à Sandra « c'est bien chiant parce que ça l'empêche de regarder la télé qui est sa seule occupation quand il ne dort pas ».

Tu fais de plus en plus d'apnée, tu es épuisé et anxieux. Parfois absent, voire incohérent. Mais jusqu'à 4 jours avant ta mort tu as heureusement peu de douleurs.

Parler au téléphone te fatigue beaucoup, un des rares que tu prends systématiquement est ton frère qui t'appelle tous les jours. Je me surprends parfois à te regarder lui parler et je réalise combien votre lien est joli. La pudeur qui vous caractérise empêche de tout expliquer. Pourtant, il comprend ce qui n'est pas dit. Et il continue de t'appeler, et d'être là, même de loin. Pour nous aussi c'est un soutien.

On reçoit des appels et des messages de tous tes copains. Les récents, les anciens, les proches et ceux qui sont plus loin, ceux qui étaient dans ton quotidien ou ceux que tu appelais rarement. Ceux qui habitent dans le coin sont venus te voir, les autres demandent de tes nouvelles tout le temps. Tu reçois même un message de ton ancien alternant que tu avais poussé aux fesses il y a 25 ans. Toutes ces pensées me permettent de voir que tu as été une belle personne, une personne qui a marqué les esprits, imparfaite mais avec une forte valeur de l'amitié. Un épicurien, un râleur/rieur, avec ses propres vérités (rarement les miennes, mais c'est un autre sujet et ça t'amusait autant que ça t'agaçait), une personne dont chacun a une anecdote à raconter. Nous t'avons souvent critiqué en tant que père, et tu sais bien que nous avions en partie raison… Mais quand tous ces messages et ces appels arrivent, ils me rappellent qu'avant d'être père tu étais copain, ami, frère, homme, collègue, employeur, voisin, golfeur (et macgyver à tes heures perdues), et que ces facettes-là te vont bien.

12

Dans quelques minutes nous serons le 16 août. Le marathon de l'enfer commence. Pas à cause de la mort qui approche, non. À cause de l'absence de l'HAD, de l'incompétence de ton médecin traitant, de l'hypocrisie française au sujet de l'accompagnement vers la mort. C'est tout cela qui est en cause dans les souffrances à venir. C'est tout cela qui m'a mise profondément en colère.

Le 15 août était un lundi ; or c'était le jour de passage habituel de ton médecin. Il avait donc prévenu qu'il passerait le lendemain midi.

Le 16 au matin tu commences à te plaindre de douleurs. Les infirmières appuient sur la pompe à morphine et nous aussi quand le quota le permet, ça se stabilise pour un temps. Le midi je te vois attendre, patiemment, tu attends ton médecin. Tu ne dis plus grand-chose depuis quelques jours, ton alimentation est limitée à une demi-compote par repas au maximum, plus rien ne passe.

Tu attends, mais… rien. Ton médecin ne vient pas. Florence se démène pour avoir son secrétariat, on lui répond très agréablement que tu n'es pas dans son agenda et qu'il est très pris. Oui, mais voilà, nous savons bien que ce n'est pas une option et à force d'insistance, il finit par venir trois heures plus tard.

Pour la première fois, je suis restée dans la chambre avec lui et Florence aussi. Nous l'informons que tu as commencé à te plaindre de douleurs dans la matinée. Il t'ausculte à la vitesse de l'éclair, et pendant qu'il prend ton pouls il te demande : « C'est fini les douleurs, vous n'avez plus mal ? »

Tu réunis tes forces.

Et tu lui dis dans une articulation aléatoire : « Docteur, c'est fini maintenant. Il faut faire les piquouses qui vont bien. »

Mais il comprend autre chose et te répond : « c'est fini, elles ont fait les piqûres qui allaient bien ? Parfait. »

On se regarde avec Florence. On se comprend sans parler. Nous avons appris à te déchiffrer depuis que tu commences à bafouiller, et nous savons parfaitement ce que tu as dit et qui n'a pas été entendu.

Tu restes muet. Dire cette phrase t'a demandé beaucoup d'effort, tu ne peux pas la reprononcer.

Ton médecin nous dit simplement de te passer de la musique, ce à quoi Florence répondra que je t'en mets systématiquement. C'est tout pour les recommandations.

Je sors de la chambre, puis Florence, et nous confirmons ensemble ce que nous avons compris. Quelques secondes après, ton médecin sort et nous l'informons du malentendu. Ce à quoi il réagira avec « ah, mais on est en France c'est pas possible ça ! » Il parle fort. Peut-être même l'as-tu entendu, mais tu ne peux rien faire, ni parler pour contester, ni bouger. Tu n'as plus de voix. Et le sentiment sans doute de déjà ne plus être grand-chose.

Il ne revient pas te voir pour en parler avec toi, il continue sa route pour repartir. Pendant que Florence insiste et explique qu'il faut t'entendre, que tes douleurs vont et viennent, que tu es tellement faible que ce matin l'infirmière a dû couper ton t-shirt pour te le changer, je reviens te voir. Je te parle simplement, comme si je te demandais si tu avais faim.

« Papa, Florence et moi on a compris autre chose que le médecin. On a compris "il faut faire les piquouses qui vont bien", c'est bien ça ? »

Tu hoches la tête pour me dire oui. Mais je n'arrive pas à en rester là. Imagine qu'on ne se soit pas compris, sur un hochement de tête, le résultat craint un peu. Alors j'ajoute :

« T'en as marre, ça y est ? » Rebelote, hochement de tête.

Désormais, je ne peux pas t'en demander beaucoup plus. C'est avec ton médecin que tu aurais dû échanger là-dessus, pas avec moi, ta fille, à qui tu confirmes que tu veux mourir.

Je prends l'info, je reviens auprès du médecin et confirme que c'est bien ce que tu souhaites. Il dit qu'il va appeler l'HAD pour donner son soutien sur un médicament qui devrait te soulager, au moins t'endormir jusqu'à la fin. C'est tout ce que l'on demande. Que tu ne souffres plus.

L'HAD va faire de la résistance, car jusque-là nous avions géré sans eux, alors ils ne saisissent pas la gravité de la situation. C'est Perrine, une de nos « super-infirmières », qui va se battre pour te faire entendre.

En parallèle je préviens Sandra et Arnaud. Je te les passe au téléphone, c'est à eux que tu diras tes derniers mots. Ces appels sont déchirants et pour rien au monde je ne voudrais être à leur place.

Suite à ta dernière demande, ton corps lâche complètement. Progressivement des spasmes s'emparent de toi, incontrôlables. Nous plaçons des coussins le long des barreaux du lit. Pendant peut-être une heure, Steph et moi te tenons chacun une main pour que tu ne te sentes pas seul, et on essaie de contenir ces mouvements qui s'emparent de toi. Florence se bat avec l'HAD pour savoir quand ils vont passer. Tu as la tête en arrière. On croit que c'est bientôt fini. Mais non.

À un moment tu sembles vouloir t'accrocher à la barre au-dessus du lit alors Steph et moi on place tes mains dessus et on retient tes bras en l'air en te tenant par les coudes. Cette scène est belle, tu veux encore t'accrocher. Ne rien lâcher. Puis au bout de vingt ou trente minutes avec Steph nous sommes à bout de force, nous sommes obligés de redescendre tes bras. J'essaierai de le refaire, mais je ne dure pas longtemps avec tes deux bras.

L'infirmière de l'HAD va passer vers 21 h 30. Elle va te chuchoter « Bonsoir, M. Ziegler, on va vous donner quelque chose qui va vous soulager ».

Elle ne t'examine que très peu et ils ont décidé du médicament sans te voir. Peut-être ont-ils pensé que ton médecin l'avait correctement fait… c'est loupé. Elle prend note de tes « agitations », mais en vérité elles se sont calmées, car après des heures de souffrance ton corps est épuisé.

Je demande dans combien de temps cela fera effet, elle me répond que le médicament est distribué progressivement et que la dose complète sera donnée au bout de 24 h. Lorsque je réponds que c'est beaucoup trop long, elle nous dit : « Nous, on ne peut pas faire plus. En appuyant régulièrement sur la pompe à morphine, vous pouvez accélérer le processus, c'est la seule possibilité ».

Donc en plus de nous laisser avec toi, en souffrance, sans certitude sur le temps que cela va prendre, en conscience que nous approchons de la fin et donc de notre propre tristesse qu'il nous faut gérer, nous gagnons le rôle de te tuer à petit feu. Elle est belle la France, hein ?

La nuit qui s'en vient va être traumatisante, et, puisque nous n'avons aucun soignant sur qui compter, nous allons devoir prendre leur rôle et la traverser une minute après l'autre à tes côtés.

13

***SOUFFRANCE**, nom féminin – Étymologie : XIIe siècle. Dérivé de souffrir, avec influence du latin chrétien sufferentia, patience, résignation ; souffrance.*

Dictionnaire de l'Académie Française

Cette nuit-là je reste dormir. Après le passage de l'infirmière, nous installons un matelas par terre à côté de ton lit, entre celui de Florence et le tien. Et alors que nous attendons que le médicament fasse effet, nous voyons bien que ton corps n'évolue pas dans le bon sens. Les spasmes, qui n'avaient jamais complètement arrêté, s'intensifient de nouveau.

Je suis cette fois à ta droite (et donc du côté de ton regard), Florence à ta gauche. Nous te tenons les mains en essayant de contenir ces mouvements qui emportent ton corps. Je vois bien que l'œdème à la base de ton coup grossit à vue d'œil. Tu as les yeux ouverts, tu ne peux plus parler, mais à travers ton regard, les yeux grands ouverts, on sait toute la souffrance qui t'habite. Tu ne contrôles rien.

À ce moment je suis profondément triste et en colère. Je ne sais pas l'expliquer, mais je sens que le médicament ne va pas fonctionner. Il ne s'agit pas de temps de diffusion non, ce n'est juste pas le bon. Sauf que nous sommes bloquées puisque l'on nous a dit que cela mettrait 24 h à faire effet. Donc nous ne pouvons rien faire si ce n'est appuyer sur ta pompe à morphine tant que le quota le permet, enregistrer en nous à chaque fois que nous faisons ce geste que nous accélérons ta mort, te regarder souffrir en étant complètement impuissantes, nous assurer que tu ne te blesses pas davantage dans une de tes « agitations » (c'est ce qu'a dit l'infirmière que tu étais « agité ») et attendre sans savoir combien de temps.

Pendant plusieurs heures tes spasmes ne te laissent pas 20 secondes de répit. Pendant plusieurs heures nous sommes à tes côtés et nous attendons. Nous te parlons. Nous essayons de retenir la chute de tes bras quand ils s'envolent vers le haut. Nous te rappelons que nous sommes là. Et je te dis que tu peux t'en aller si tu es prêt. Ce moment est insupportable. À chaque spasme on se demande si ça va être le dernier. À chaque nouveau spasme, ma colère s'intensifie. J'en veux à la terre entière. J'en veux à l'HAD qui se fout de nous, j'en veux à ton médecin qui est injoignable, j'en veux aux médecins de l'hôpital qui nous ont piégées pour provoquer ton retour à la maison. Ce moment est insupportable et nous t'encourageons à partir, mais… tu ne pars pas.

Quand la fréquence s'adoucit, Florence finit par aller se coucher, elle est exténuée. Je veux attendre que ça s'arrête complètement alors quand je n'en peux plus d'être debout je m'allonge à tes côtés, sur ton côté gauche il y a un peu de place pour mon buste. J'ai les jambes sur une chaise et le haut de mon corps à côté du tien. Je t'entoure avec mon bras gauche pour retenir les derniers mouvements qui sont plus calmes et moins réguliers. C'est un joli moment… je crois que l'on s'apaise mutuellement. On reste comme ça un long moment puis à mon tour je vais m'allonger sur mon matelas. Tu n'es pas complètement libéré, mais c'est moins violent et je n'en peux plus non plus. Florence se lève pour actionner ta pompe une heure après et quand Capucine, une autre de nos « super infirmières », arrive à 6 h, elle nous trouve tous les 3, allongés, elle vient de nous réveiller. C'est le calme après la tempête. Tu dors enfin, on espère que cet épisode reste derrière nous.

14

Article 221-1 – Code Pénal : *Le fait de donner volontairement la mort à autrui constitue un meurtre. Il est puni de trente ans de réclusion criminelle.*

Je profite de la matinée pour faire un saut chez moi, Caro est là. Je lui raconte tout. Et j'ajoute : « je ne sais pas si c'est le médoc qui fait vraiment effet ou si son corps est simplement épuisé ».

De retour chez toi on est assises à table avec Florence. Je crois qu'elle commence à préparer « l'après » : les numéros de téléphone des pompes funèbres, ceux de nos infirmières, les démarches en cas de décès… au cas où tu décides de mourir quand Arnaud et Sandra seront auprès de toi.

De mon côté je finalise les préparatifs de la cérémonie de mariage de Damien et Célia que j'officie 3 jours après.

Cela fait des jours que l'on se torture l'esprit sur notre présence, sur l'organisation, sur ce choix d'y être… ou pas. Mais tu es au courant de ce week-end, et je sais que tu feras ton choix aussi en fonction de cela. Donc je décide de provoquer le destin, et de le suivre. Je sais aussi que l'on doit laisser notre place. Sandra et Arnaud sont tes enfants aussi, tu en as besoin, et je sais que tu les attends. Il faut parfois savoir s'effacer…

Alors que nous sommes accompagnées dans nos réflexions par ta respiration depuis la chambre, en fin d'après-midi nous l'entendons qui se saccade… à nouveau. Nous courrons vers toi, et comprenons très rapidement que l'enfer repart pour un second tour.

La tristesse s'empare de moi pour une dizaine de secondes. Je la sens qui m'envahit de te voir à nouveau souffrir, de me sentir à nouveau si impuissante, de savoir désormais ce que l'on va devoir vivre. Je suis comme le cheval devant l'obstacle. Je ne veux pas y aller, je suis à bout, j'ai envie de crier. Tes yeux sont à nouveau ouverts et je croise ton regard à nouveau dans le vide. Ce regard empli de désespoir. De détresse absolue. D'incompréhension. D'impuissance. Tu ne comprends pas ce qui se passe, ni pourquoi cela recommence, encore.

Puis, tes larmes. J'avais essayé de les oublier, mais elles aussi reviennent. Douces, solitaires, silencieuses. Je les vois régulièrement rouler sur le côté.

Alors, pendant 10 secondes les sanglots me viennent, me prennent à la gorge, je te reprends la main, je te regarde et je te dis tout bas que je suis désolée, papa. Je te dis que je suis tellement désolée, mais que je n'y arriverai pas. À ce moment précis je voudrais savoir abréger tes souffrances, mais je sais que c'est au-dessus de mes forces. Alors au milieu des larmes je te le répète encore : « Pardon, papa, je n'y arriverai pas ».

Puis je clos ce chapitre. Je ravale tout. Je sèche mes larmes.

Et, une fois encore, on y va.

Cette fois je suis moins douce et je te guide à travers tes douleurs en t'imposant un rythme de respiration. Cette fois c'est ma colère qui me guide. Florence est en face et te tient l'autre main. À chaque spasme que je sens arriver et que je vois ton corps se raidir, je t'impose de souffler.

« Souffle Papa ! Encore. Allez, souffle. Voilà comme ça. Encore, souffle ! Allez, Papa. »

Et là, au milieu de l'enfer, du chaos, de nos solitudes respectives, des appuis sur la pompe à morphine qui n'aboutissent à rien, et de l'infinité de toutes les émotions en présence, je te vois qui essaies. Tu n'y arrives pas toujours, tu manques d'air et tu ne peux pas en prendre comme tu voudrais, à travers ta bouche asséchée car toujours ouverte depuis des jours, mais tu essaies. Tu expires en sifflant, tu fais de ton mieux. Nous ne pouvons plus nous connecter ni par le regard perdu depuis des heures, ni par la parole envolée également, ni par ta main qui n'arrive plus à serrer la mienne, mais je sens que nous sommes ensemble. On respire ensemble. Tu essaies encore et encore.

Je crois que la gestion de ta respiration, même très aléatoire, même haletante, même insuffisante et saccadée, te donne l'impression d'avoir encore un rôle à jouer. Un semblant de contrôle qui pallie la passivité évidente face à ce corps qui te lâche et la mort qui arrive.

Je crois qu'à ce moment la connexion de nos âmes est à son apogée. J'ai su que j'avais raison de croire que tu étais encore là. J'ai compris que tu savais que nous étions là.

Florence rappelle l'HAD, qui peine à comprendre l'urgence, mais finit par envoyer quelqu'un. Plusieurs heures après, leur infirmière Jenifer arrive. Je ne lui réserve pas le meilleur accueil… je laisse transparaître ma colère, froide. Je veux que l'on soit enfin entendues. Je veux que tu sois entendu.

Et… elle nous entend. Elle va vraiment t'ausculter (incomparable avec le passage de l'infirmière de la veille) et va appeler le médecin de l'HAD de garde cette soirée-là. Pour la première fois, je l'entends qui ne minimise pas la situation. Alors qu'elle semble avoir fini son rapport, on demande à parler à ce médecin. Florence prend le téléphone, mais elle est tellement à bout qu'elle ne peut plus parler sans pleurer, et la seule chose qu'elle parvienne à lui dire c'est qu'on t'a promis que tu ne souffrirais plus et que ce n'est pas le cas. Mais je sais que ça a peu d'importance à leurs yeux.

Alors je prends le combiné et j'enchaîne :

« Je crois que là, vous ne nous entendez pas. Lorsque nous avons accepté l'HAD, c'était avec l'assurance que vous seriez soutenants ce qui n'est absolument pas le cas. Jusque-là nous avons toujours tout géré, mais là c'est insupportable. Mon père souffre, il est en détresse totale depuis des heures, nous aussi, et nous sommes entièrement seules pour l'affronter, c'est traumatisant. Ce que nous sommes en train de vivre est horrible. Les larmes lui coulent malgré lui sur les joues, et ne me dites pas qu'elles ne signifient rien, c'est faux. »

La voix change à l'autre bout du fil.

« D'accord, j'entends bien votre détresse. Que demandez-vous pour votre père ? Qu'il dorme ? »

Je reprends :

« On veut juste qu'il ne souffre plus, qu'il s'endorme et ne se réveille pas, on a bien compris qu'on ne pouvait pas faire plus.

— D'accord, j'ai entendu. Passez-moi de nouveau l'infirmière ».

Je suis vidée. Tu me connais papa, le conflit et moi ça fait 3. Pour trouver l'énergie à ce moment-là c'est que la coupe était vraiment pleine. Pour moi, pour toi.

Jenifer et la médecin reprennent le fil de leur conversation. Jenifer parle de cet œdème à la base du coup. Et après avoir regardé ta peau, tes jambes, tes yeux, palpé ton ventre, fait un rappel des traitements en cours, observé tes « agitations », le verdict tombe enfin :

« Je pense qu'il souffre d'une forme d'épilepsie atypique. »

Enfin, papa. Nous ne sommes pas folles. Tu as été vu, nous avons été entendues. Enfin, nous comprenons que ce que nous accompagnons depuis plus de 24 h, ce sont des crises d'épilepsie « atypique ». L'enfer porte un nom.

À partir de là tout reprend son chemin. La médecin prescrit un autre médicament. Jenifer nous promet qu'elle attend de voir son effet avant de repartir. Et pour nous… ça change tout. Pour la première fois, nous ne nous sentons plus seules.

Tu t'endors, papa. Et au son de ta respiration, on sait que c'est la bonne. C'est profond. C'est loin. Tu ne souffres plus.

Cette nuit-là je reprends mon matelas, mais je me mets dans la chambre à côté. La connexion continue. À plusieurs reprises je me réveille, quelques secondes après j'entends un mouvement différent dans ta respiration, je me lève pour relancer la morphine, tu repars toujours plus loin, je me recouche. C'est calme, doux, apaisant. Cette fois je sais que c'est lancé.

Je reprends mon souffle.

15

Farfalla Bianca Ultimo

Si posa una farfalla sulla spalla ed io	*Un papillon se pose sur l'épaule et moi*
Non posso darle altro se non un addio	*Je ne peux rien lui donner d'autre qu'un au revoir*
Che il suo destino è fragile come la forza	*Car son destin est aussi fragile que la force*
Ma dice che oggi vola ed è lì la ricchezza	*Mais il dit qu'aujourd'hui il s'envole et que la richesse est là*
Rinchiude in un minuto vent'anni di cose	*Il contient en une minute vingt ans de choses*
Il tempo in fondo è quello che noi gli affidiamo	*Au final, le temps est ce que nous lui confions*
Di quelle ali tra cent'anni chissà che rimane	*De ces ailes qui sait ce qu'il restera dans cent ans*
Mi dice "lascio ai bimbi il sogno di volare"	*Il dit : "je laisse aux enfants le rêve de voler"*
Ma ora ti prego mi porti al mare	*Mais maintenant, s'il-te-plaît emmène-moi à la mer*
Qualsiasi posto purché sia altrove	*Qu'importe l'endroit tant que c'est ailleurs*
Dove non servono più le parole	*Où les mots ne sont plus nécessaires*
Ed io ti porterei	*Et je t'emmènerai*
Io ti porterei	*Je t'emmènerai*
In un posto dentro	*Dans un lieu à l'intérieur*
In un posto dentro	*Dans un lieu à l'intérieur*
E io ti porterei	*Et je t'emmènerai*
Io ti porterei	*Je t'emmènerai*
In un posto dentro	*Dans un lieu à l'intérieur*
In quel posto dentro me	*Dans un lieu à l'intérieur… de moi*

La journée qui suit est toute douce. Tu dors. C'est paisible et calme. J'ai l'impression d'être passée sous un rouleau compresseur, mais je me sens en paix.

Nous nous confrontons avec Florence pour l'organisation du week-end. Le lendemain, le vendredi, Arnaud et Sandra arriveront le midi et je demande à rester quelques heures avant de prendre la route, car je sais que tu les attends. Je propose même de partir à deux voitures, mais bien sûr cela ne passe pas. Florence veut partir dès qu'ils arriveront pour pouvoir être à l'heure sur les lieux du mariage et récupérer son petit-fils qui dormira avec elle. Je finis par accepter. Je lâche. La conversation se termine quand je suis à tes côtés donc toi aussi tu sais comment cela va se passer. Je m'en veux encore parfois d'avoir lâché. Car je savais.

Je décide de profiter de ces quelques heures qui me restent avec toi en étant à tes côtés. Je lis, j'attends, je te regarde et j'essaie d'enregistrer ce moment. J'écoute ta respiration, je veux graver quelque part ces minutes qui défilent et que je ne peux pas retenir. Le calme laisse la place à la pensée. J'ai désormais le temps de prendre conscience de ce qui est en train d'arriver, du fait que je ne pourrai plus jamais te parler, que ton regard m'est définitivement inaccessible. Tu ne me serreras plus la main. Tu es encore là, mais le manque commence déjà. Le vide prend place progressivement dans mon cœur et je le sens qui se serre de plus en plus.

Entendre ton souffle ne me suffit plus, j'ai besoin d'être plus proche. Alors je reprends la place occupée deux nuits avant lorsque tu souffrais. Je mets un concert d'Ultimo, concert que nous avions regardé ensemble et je sais qu'en l'entendant tu n'auras pas de doute sur le fait que ce soit moi, que je sois là, tout près de toi. Ma tête repose à côté de la tienne sur l'oreiller, je me tiens sur ton côté gauche, les jambes toujours sur la chaise et ma main sur ton cœur. Et ensemble nous écoutons.

La douceur prenait toute la place. Tout comme la beauté. Et la tristesse aussi. Je suis à tes côtés et les larmes coulent sur mes joues puis sur l'oreiller, interminables, elles se succèdent. Tout ce que j'ai retenu de ces dernières semaines peut enfin s'échapper et j'accepte de ne plus les retenir. À cet instant je sais que je ne connaîtrai plus d'autres moments comme celui-ci. Je suis en train de prendre les derniers rayons de soleil avant qu'il ne se couche en sachant qu'il ne se relèvera pas. Ce moment a le parfum de la fin. Et je veux saisir ma chance de pouvoir le vivre, tes battements de cœur dans ma main.

Nous restons plusieurs chansons ainsi puis, lorsqu'il reste seulement 2 ou 3 chansons du concert, Florence passe par là. En pensant bien faire, elle vient poser sa main sur la mienne pour me réconforter. Je ne lui dis rien. Pourtant, elle éloigne la magie de cet instant qui ne se renouvellera pas. Je n'ai pas envie d'être réconfortée. Je suis en train de te dire au revoir.

16

Papa est parti.

Le lendemain matin arrive vite. Sandra et Arnaud arrivent en fin de matinée et je sais qu'après ça va aller vite. Pour faire face au drame qui se joue, j'invite un peu de légèreté et je décide de répéter mon discours de cérémonie devant toi.

C'est assez long, c'est la première fois que je teste à l'oral, je m'embrouille dans mes tournures de phrases, je suis trop concentrée sur le texte et cela ne fait pas du tout naturel. Je suis face à toi, tu continues de roupiller (et heureusement), et je ne sens pas un emballement énorme à cette première lecture. Alors, à la fin quand je relève la tête je te demande ce que tu en penses, et je me fais ta réponse :

« Ouais c'était merdique on est d'accord. Va pour une deuxième tentative. »

Rebelote, cette fois c'est plus rythmé, moins soporifique, je commence à connaître mon texte et où je vais, je la sens mieux cette lecture. Idem, je relève la tête :

« C'était mieux là, hein ? Oui j'ai trouvé aussi. Bon, tu valides ou pas ? Oui ? Et bien écoute, si ça ne leur plaît pas je leur dirai que c'est de ta faute ». L'affaire est réglée. C'est le début d'une nouvelle histoire entre nous, car je vais continuer à te parler ainsi même après ta mort. Je me remémore le texte « la mort n'est rien » et je te parle comme si tu étais « juste de l'autre côté du chemin ».

En parallèle régulièrement, Sandra me notifie de leur évolution : embarquement, décollage, atterrissage, voiture récupérée…

Chaque message me rapproche de mon départ à moi. Je décide de te le dire à chaque fois. Jusqu'à ce dernier message « Nous sommes garés devant ».

Au lieu d'aller les retrouver, je viens à nouveau te le dire : « Ils sont là papa, ils viennent d'arriver. Quand ils entreront, je viendrai avec eux dans la chambre. Tu peux souffler, ils sont là. »

En l'espace d'une heure ils prennent les infos : de ma part je leur explique quoi faire en cas de nouvelle crise, comment ça se manifeste, comment protéger, les coussins le long des barreaux, comment t'accompagner, où est la pompe, etc. De la part de Florence, la procédure à accomplir si tu décèdes pendant notre absence : les numéros des infirmières, l'HAD, faire venir un médecin pour constater le décès, le numéro des pompes funèbres déjà informées, etc. Puis elle se relève et dit « mais je suis sûre qu'il sera encore là à notre retour ». C'est fou comme on peut croire à l'incroyable quand l'inverse n'est psychologiquement pas envisageable.

Avant de partir, je reste quelques minutes avec toi. Je te dis que si tu décides de partir avec eux ce sera difficile, mais que je comprendrai. Que la décision te revient. Je te dis « je t'aime » plusieurs fois. Je t'embrasse sur la tempe. Je retiens mes larmes, car je ne suis pas seulement triste, je suis aussi en colère de devoir te laisser. J'ai un goût d'inachevé. Pour l'accepter, je vais encore une fois me fier au destin et tracer la route qui nous attend. Je me dis aussi qu'il est peut-être temps qu'on te laisse la place de t'en aller. Je crois qu'on en prend beaucoup, un peu trop pour vraiment être les bonnes personnes pour ton envol.

Au moment où je me lève et me dirige vers la porte, Capucine, ton infirmière, vient t'humidifier la bouche qui reste constamment ouverte depuis plusieurs jours. Et, alors que tu ne réagissais plus depuis plusieurs fois, tu bouges la mâchoire. Tu essaies de déglutir, mais sans succès. Nous restons interdites avec Capucine et attendons, mais finalement tu lâches l'affaire. On me dira que j'invente, mais je sais que tu me dis au revoir. Alors je reviens, je t'embrasse de nouveau sur la tempe et je te dis : « Papa, on arrête les feintes maintenant. La prochaine fois, tu y vas vraiment. »

Je sors de la chambre, les yeux humides. Mais la tête haute. Il est temps de partir.

Nous avons environ 4 heures de route. À mi-parcours je prends le volant. Je sens que tout est planifié comme ça, je veux conduire quand ça arrivera. Florence me demande si elle ne prendrait pas de tes nouvelles. Nous sommes à 15 minutes de l'arrivée. J'allais lui dire qu'on appellera en arrivant, mais quelque chose me retient, je lui dis oui.

Damien nous appelle pour prendre des nouvelles de la route, il est en Bluetooth dans la voiture au moment où Sandra m'appelle. Je décroche et suis en haut-parleur. « ça y est, Papa est parti ».

Je veux taper sur le volant, mais je retiens mon geste avant de le terminer. Je ravale tout, encore. Oui je le savais, et alors ? Je ne suis pas là.

Nous arrivons.

« Papa est parti ».

Ça se répète en boucle dans ma tête.

« ça y est, papa est parti. »

17

L'homme a dans le corps un habit d'arlequin : son âme.

Xavier Forneret

Le mariage est passé.

Nous rentrons le dimanche en fin de journée et je ressens l'urgence d'aller te voir. Sandra m'a donné l'adresse et les codes de ta chambre, rien ne me retient sauf l'appréhension de ce moment. Et pourtant je ne peux pas rester une heure de plus sans sortir de cet état stupide « d'entre-deux ». Je ne ressens plus rien, rien n'est réel, je flotte dans une fiction qui me dépasse et je veux revenir les pieds sur terre. Je veux ressentir. Je veux me réveiller. Je veux percuter. Je le ressens comme une urgence, un besoin presque vital. Le choix s'impose à moi.

Quand Florence me dépose chez moi je n'ai pas encore retiré mes chaussures que je demande à Caro :

« J'ai besoin d'aller le voir maintenant. Mais je ne sais pas comment je me sentirai pour rentrer après. Acceptes-tu de m'accompagner ? »

La nuit est tombée et me voilà en route vers toi. Je suis dans le noir complet. Je n'y voir plus clair et je n'ai que cette obsession au milieu de l'obscurité. Je sais pourtant que je ne me dirige pas vers la lumière. Mais je crois que si je n'éteins pas moi-même l'interrupteur je n'accepterais jamais que le courant ait été coupé.

Je n'ai jamais vu personne mort. Je n'en ai jamais ressenti l'envie ni le besoin. Pourtant, cette fois je ne peux pas m'y soustraire, c'est une évidence, ça m'est indispensable. J'entends encore ton souffle. Je crois que ce soir-là je deviens Saint Thomas, je dois te voir pour y croire.

Nous y sommes. Caro m'attend devant. Je suis devant ta porte. Il fait nuit derrière moi.

Respirer. Ne pas réfléchir. Faire le code. Entrer.

Je suis là. Tu es devant moi. Et respirer devient plus difficile que jamais.

Moi qui voulais percuter, c'est fait. Instantanément mon cœur, mon corps, tout revient au réel. Instantanément la mort est là et s'impose à moi. Ton corps est une coquille vide.

Je suis seule dans cette pièce et mes jambes peinent à me porter. Mille émotions me submergent et une en particulier que je n'avais pas imaginée : j'ai peur de toi. J'ai peur de ton corps que je ne reconnais qu'à moitié… Ce n'est plus toi.

Respirer.

Le siège pour se poser est de l'autre côté de ton corps, je dois alors faire le tour pour pouvoir m'asseoir. Je marche doucement, car l'opposition de mes mouvements face à ton immobilité me terrifie. Chaque pas m'empêche de respirer. Je ressens plus que jamais que nous ne faisons plus partie de la même réalité. Je suffoque. Je me recroqueville, je baisse les yeux, je longe le mur, j'essaie de reprendre de l'air. J'avance tout doucement un pas après l'autre. Et au milieu de mes sanglots et de mon essoufflement… je commence à te parler.

« J'ai peur de toi Papa… Je suis tellement désolée, mais j'ai si peur de toi… Tu n'es plus là. Tu n'es plus là ! »

Je n'y arrive pas. Avant d'atteindre le siège, je m'accroupis par terre à défaut de tomber, je suis en boule, je tremble, j'ai peur. Et j'ai tellement mal. Tu es parti avec un bout de moi. Tu es parti et tu étais le dernier. Je m'écroule, car je n'ai plus aucun pilier.

Les mains au sol. Respirer.

Je me relève doucement. Courbée, j'atteins le siège, je m'assois. La tête dans mes mains, penchée sur mes genoux, je peine à te regarder. Telle une bête craintive, je commence peu à peu à t'apprivoiser. Je pleure sans discontinuer et, pour combler ton silence assourdissant, je continue de m'adresser à toi.

« Tu n'es plus là. Ce n'est plus toi. T'es mort Papa ! T'es vraiment mort. »

« C'est trop dur Papa ! J'ai besoin d'un signe, s'il te plaît, dis-moi que tu es là, envoie-moi quelque chose. »

Puis ma propre immobilité aux côtés de la tienne m'insupporte. Alors je me relève et je recommence 1 pas, puis 2, puis 3. Je continue de te parler, de pleurer, de renifler, de m'essouffler. Les mouchoirs sont disposés de l'autre côté, vers l'entrée. Autant te dire que c'est hors de question d'y aller, je commence à peine à t'accepter, il ne faudrait pas pousser.

Mais toujours aucun signe de toi… Alors je m'exaspère, je m'énerve et je t'envoie : « Papa y en a marre maintenant ! Je sais que tu es avec Florence, Arnaud et Sandra, mais ça suffit moi aussi j'ai besoin de toi ! » Entre nous, on sait que je disais vrai puisque le lendemain j'entendrais « Oh c'est incroyable le nombre de signes que l'on a eus hier soir si tu savais ! » Ben voyons ! Bref, laisse-moi lever les yeux au ciel, et passons…

Donc, malgré moi, un sketch commence. Me voilà en train de t'expliquer comment tu peux m'envoyer un signe : utiliser la lumière (quand j'y pense, ça aurait été une très mauvaise idée), ou la musique qui passe en fond sonore, demander aux autres comment ils font bref je t'engueule de trouver un moyen pour me faire comprendre que certes tu n'es plus là, mais un peu quand même.

Je suis debout, au pied de la table (on ne va décemment pas appeler ça un lit), une table si étroite que tes épaules font exactement sa largeur si bien que j'ai l'impression que tu peux en tomber à tout moment. Pour cela encore faudrait-il que tu bouges, mais à ce moment-là mes idées ne sont pas très claires, et c'est donc un sketch digne de Jérémy Ferrari qui continue.

« Bon papa je vais m'approcher. »

Un pas de fourmis, puis deux.

« Je vais m'approcher, je vais essayer de te toucher et peut-être de t'embrasser, mais je suis pas sûre, d'accord ? »

Trois pas de fourmis, un quatrième. Respirer ! J'ai oublié de respirer.

« Heu… là je suis vraiment pas loin, tu sais, j'ai la trouille. Dis… tu bouges pas, hein ? »

Un cinquième pas, un sixième…

« Bon on oublie le signe là tout de suite c'est pas le moment ça va pas me faire rire du tout. »

Respirer. Souffler.

« OK… je vais te toucher l'épaule. Bouge pas surtout, bouge pas ! »

Je souffle comme jamais… j'ai tellement peur. J'approche ma main de ton épaule et, malgré la chemise, je ressens la raideur et le froid de cette coquille vide, la tienne, ton corps qui n'est plus, devant moi. La froideur de ton corps transperce le mien. Je sens un courant glacé me traverser. À cet instant précis je hais ce corps que je ne connais plus. Il me donne envie de vomir. Il n'y a plus rien devant moi. Immédiatement je décide que je ne t'embrasserai pas et que l'ultime baiser restera celui déposé sur ta tempe avant de partir, celui dont je savais qu'il serait le dernier. Je refuse d'embrasser un visage froid dont la peau n'a de peau que le nom. Je m'excuse en pleurant de ne pas pouvoir le faire, puis je recule. Tout doucement.

Et, alors que je recule, j'entends une nouvelle musique arriver. C'est un morceau de piano que je te passais lorsque tu étais à l'hôpital. C'est mon signe. Le soulagement me fait m'écrouler encore une fois.

De nouveau me voilà accroupie au sol. Je pleure et je répète en me balançant d'avant en arrière : « Tu es là. Tu es là. Tu es là. » Encore et encore. Et il était temps que tu le sois.

Je reste encore plusieurs minutes, qu'il me faut de toute façon pour faire de nouveau le tour de la table et me diriger vers la sortie. Mais avant de partir, je reste stoïque devant la photo posée à côté de toi. Je la connais bien cette photo. D'autant qu'elle a été coupée, mais je suis normalement dessus avec Sandra. Pourtant, posée là, je la découvre comme pour la première fois. Et je réalise alors le chemin parcouru. Les derniers mois t'ont tellement rongé qu'on ne te reconnaît plus. La maladie a emporté de toi tout ce qui te caractérisait : ta bonhomie, ton sourire, la lueur du regard, ton côté épicurien, tes joues, ton corps, tout. Marc, un de tes grands copains aura cette phrase très juste après être venu te dire au revoir une dernière fois. Il dira : « il n'en reste plus rien ». C'est exactement ça, Papa. Il ne reste plus rien de toi. Te voir sur cette photo produit un choc en moi, car je réalise que cette dernière version de toi, même brève, même insupportable, était devenue ma réalité. Je réalise que j'avais oublié qui tu étais. J'avais mis un mouchoir sur le père que j'ai connu pendant trente ans pour pouvoir mieux t'accompagner et accepter ce que tu devenais. Ne pas réfléchir, ne pas comparer, pour ne pas s'effondrer. En regardant cette photo, j'ai du mal à faire le lien entre elle et le corps posé à ses côtés. Sur l'instant j'ai peur de ne faire le deuil que de cette dernière version de toi. Après un an je sais désormais qu'il me fallait simplement du temps pour les reconnecter et faire le deuil de toi, dans ton entièreté.

Je finis par ressortir de ta chambre, Caro est là, je m'effondre dans ses bras. Puis, nous décidons de marcher pour raconter. Et, au milieu d'une zone industrielle glauque, sans lumière, je parle de toi, je pleure de mes peurs et ris aux éclats dans ma morve en mimant chacun de mes pas : « Ne bouge pas Papa ! »

Quand je repense à cette scène, c'est une expression de Mélissa Da Costa qui me vient naturellement : « Je voulais parler de la mort, mais la vie a fait irruption, comme d'habitude… »

C'est exactement ça. Face à toute l'immobilité de vos corps enterrés, incinérés, envolés, le mien vit encore. Je ne sais pas vraiment pourquoi, mais si j'arrive à rire à cet instant-là alors je crois que tout n'est pas perdu.

Respirer. Et vivre. Encore une fois.

18

Faites attention de ne pas perdre la substance en empoignant les ombres.

Ésope

Ça fait plus d'un mois que je n'ai pas écrit. La première année est enfin derrière. Et si je devais prendre du recul sur tout cela ce n'est pas d'y repenser qui a été douloureux. C'est le manque associé à tous ces moments de proximité si forte qui a entretenu le vide déjà creusé depuis le décès.

Tout au long du processus j'ai eu les bonnes personnes qui sont arrivées sur mon chemin pour me guider. Avec mes croyances, j'ai pu accepter l'aide de Marie, arrivée sur ma route le même été, qui de loin me guidait sur les besoins de papa en communiquant avec lui par la pensée. Et, à chaque fois, ses conseils lui ont permis de trouver de l'apaisement au milieu du drame qui se jouait.

Aujourd'hui encore je ne cesse de lui parler et je sais quand il m'accompagne.

Par-dessus tout, aujourd'hui je suis reconnaissante envers la vie de m'avoir permis de vivre tout ça. Cette présence que j'ai voulu lui offrir est devenue un cadeau pour moi.

Lorsque j'en parle parfois, cela donne l'impression que j'avais une relation parfaite avec papa… Et pourtant loin de là.

Je pourrais retenir qu'il n'a pas répondu à son téléphone lorsque j'étais devant les résultats du BAC, car il était au golf. Quand j'ai fini par l'avoir peut-être quinze, vingt minutes après il m'a simplement dit qu'il n'en avait jamais douté, qu'il retournait jouer.

Il n'a jamais acquiescé mes choix professionnels dès lors qu'ils sortaient du moule (soit 95 % d'entre eux). Il m'a profondément blessée, car souvent jugée sur ces choix, mais j'avais déjà appris à vivre sans son approbation.

Il a toujours imposé ses choix, sa vie. Pour maintenir le lien, c'était à moi de m'adapter.

Oui, « mais ».

Au milieu de ses contradictions, il m'a appris que vivre pour soi était possible. Tout en doutant de mes choix, par son exemple il me montrait que vivre sans l'approbation des autres était possible.

En me laissant seule par confort pour lui je me suis construite encore plus forte. J'ai cette conscience que face à n'importe quel drame, je saurai me relever.

Puis en vieillissant, il a choisi l'intelligence du lien face à l'entêtement de l'ego. Après avoir constaté qu'avec ou sans son aval je continuerai avec le risque de m'éloigner, il a décidé de m'accepter. De m'encourager vers la poterie, de soutenir mon implication au squash, d'adorer bien sûr mon boulot plus « classique » pour la reconnaissance que cela m'apportait, mais surtout d'être fier de la personne que j'étais. Il était fier de mes qualités humaines. Et pour moi, c'est la seule fierté qui m'importera jamais.

Tout cela, je ne l'ai perçu qu'après, en en parlant et partageant mon deuil, avec ma psy, et ailleurs. En retrouvant des messages aussi qu'il me laissait plus jeune lorsqu'il partait travailler. Un petit bout de papier avec écrit « Je suis fier de toi » pour une note en maths qui trône aujourd'hui sur mon réfrigérateur.

J'aurais pu m'asseoir sur mes certitudes et ne pas le prendre tel qu'il était. J'aurais pu nourrir les ressentiments qui étaient certes légitimes, mais qui n'étaient que ma vérité. J'aurais pu attendre jusqu'à son dernier souffle qu'il soit toujours « meilleur », « différent », bref, un autre père avec d'autres moyens.

Il n'y a pas un jour où je ne me sente pas reconnaissante d'avoir tout mis de côté pour simplement être là. Ce cadeau que je me suis fait restera à jamais. Je suis fière d'être restée. Je suis fière que la question, en moi, ne se soit jamais posée. Cette période si difficile a été d'une évidence claire : ma place était là.

Je pense à tous ceux qui ne peuvent pas le vivre et auraient aimé dire au revoir.

Merci Papa. Merci pour toutes ces lignes, merci pour les sourires, merci pour les enfers, merci pour tout ça.

Et, comme je te l'ai dit dans la lettre lue lors de la cérémonie : « Merci pour les clins d'œil ». Pour longtemps encore, je les garderai en moi.

Remerciements

Si j'ai d'abord écrit pour me vider la tête, je suis aujourd'hui profondément reconnaissante envers la maison Le Lys Bleu Éditions pour avoir accepté de rendre ces quelques lignes publiques, et d'avoir été à l'écoute de mes souhaits pour cet ouvrage. C'est une chance pour laquelle je suis pleine de gratitude.

Un grand merci également à Marie-Christine Laville, ma formatrice pour devenir Doula de Fin de Vie, qui a accepté de lire ce témoignage et d'en écrire la préface avec toute la sincérité et la bienveillance qui la caractérisent.

Merci à Anaïs pour son merveilleux dessin à l'aquarelle pour la couverture, dessin reprenant une photo de nos mains à papa et moi. Sœurs de lait, car rencontrées chez la nounou, merci pour cette amitié éternelle.

Merci à Anaïs (encore et toujours) et Nicolas pour leur relecture pendant leur soirée de Saint Valentin (oups !) et leurs retours émus et encourageants.

Merci à Justine et Caroline pour leur soutien inconditionnel pour ces lignes, et pour tout dans la vie. Y compris pour être à mes côtés, avec Anaïs, sur le banc pendant la cérémonie au crématorium. Vous voir vous asseoir toutes les trois avec moi a été un précieux cadeau.

Merci à ma belle-maman (dont le prénom a été modifié) pour la place qu'elle m'a laissée à ses côtés dans ce moment de vie, et pour sa chaleureuse réaction à l'annonce de l'édition du manuscrit. Je sais que cela ravive des souvenirs que l'on préfèrerait parfois occulter, encore merci d'avoir accueilli ces lignes comme elle l'a fait. Je me suis sentie soutenue et encouragée et j'en suis profondément reconnaissante.

Merci à mes frère et sœur (dont les prénoms ont été changés) car je partage ici un moment de vie dont vous avez été également touchés. Merci de l'avoir accepté.

Merci à toutes celles et tous ceux qui m'entourent, famille et ami(e)s, et qui m'ont toujours soutenue dans cette démarche, et dans le reste.

Merci à l'Amoureux pour qui me lire n'est pas toujours facile, empathie oblige, mais qui m'encourage dans cette aventure.

Et enfin mille mercis à celles et ceux qui auront lu mes mots. J'espère de tout mon cœur que c'est une lecture que vous aurez aimé parcourir. Je trouve tout cela assez fou, mais je crois que c'est un peu à l'image de la vie et de tous les chapitres qu'elle propose. Un nouveau va bientôt s'ouvrir, et j'ai hâte de le rencontrer.

Imprimé en Allemagne
Achevé d'imprimer en avril 2025
Dépôt légal : avril 2025

Pour

Le Lys Bleu Éditions
40, rue du Louvre
75001 Paris